ANTES DEL DINERO

Por qué el dinero no te funciona

Las decisiones que lo cambian todo

LEONARDO ORTIZ

ANTES DEL DINERO

Por qué el dinero no te funciona

ANTES DEL DINERO:
POR QUÉ EL DINERO NO TE FUNCIONA
© Leonardo Ortiz
Ciudad de México, México, 2026

EDITORIAL
SALTOAL
REVERSO

De esta edición:
Editorial Salto al reverso, febrero de 2026
editorialsaltoalreverso.com

Primera edición: febrero de 2025

Diseño de portada: Fiesky Rivas

*El dinero no falla;
fallan las decisiones que se toman antes de él.*

A quienes eligen entender
donde otros solo persiguen dinero.

AGRADECIMIENTOS

Agradezco a la experiencia por enseñarme sin rodeos, a quienes compartieron su conocimiento en libros y conversaciones, a mi familia por su paciencia y apoyo, y a todos los que, sin necesidad de tropiezos, eligen aprender el camino antes de recorrerlo.

PRÓLOGO

Antes del dinero es un libro que invita a mirar el éxito desde un lugar más humano. No solo habla de cómo producir o comprender el dinero, sino de recordar que debe ser una herramienta y no el centro de nuestra vida.

Siempre he creído que el dinero es un buen sirviente, pero un mal amo. Este libro expresa esa idea con claridad y honestidad. A lo largo de sus páginas, se muestra que es posible crecer, avanzar y prosperar económicamente sin dejar de lado los valores esenciales que dan sentido a lo que hacemos.

Como padre, me enorgullece ver cómo Leonardo ha sabido transformar sus reflexiones y aprendizajes en un mensaje claro y útil. Este libro no pretende dar fórmulas rápidas, sino invitar a pensar, a decidir mejor y a comprender que el verdadero equilibrio no está solo en lo que se gana, sino en cómo se vive.

Espero que estas páginas ayuden a muchos lectores a encontrar un mejor balance entre sus objetivos económicos y su vida personal. Porque, al final, antes del dinero, están las personas.

Nelson Ortiz

INTRODUCCIÓN

Todos hemos estado ahí. Comenzamos con entusiasmo, leyendo libros, escuchando podcasts y siguiendo consejos que prometen riquezas rápidas. Nos dicen que el dinero está al alcance de la mano si solo seguimos la receta correcta, la estrategia precisa o la fórmula del momento. Muchas veces, después de intentarlo todo, descubrimos que la realidad es distinta: el dinero por sí solo no cambia nada.

Yo también pasé por eso. He invertido y perdido, he seguido consejos sin entender cómo funcionaba realmente el dinero. Entendí, a veces de manera dolorosa, que la base determina los resultados. Aprendí que la diferencia entre quien fracasa y quien tiene éxito no está en la suerte ni en los atajos, sino en las decisiones antes de que el dinero aparezca.

Este libro nació de esa experiencia. No es un manual de fórmulas rápidas. Es una guía de principios, de entendimiento, de criterio. Aquí encontrarás siete decisiones esenciales que debes tomar antes de buscar dinero, decisiones que cambian la manera como piensas, trabajas y tomas riesgos. Si se comprenden y se aplican, estas determinaciones hacen que el dinero funcione como consecuencia de tus acciones y no como un objetivo vacío.

Mi intención es simple: ayudarte a ver el dinero como lo que es, a actuar con claridad y a construir una base sólida antes de perseguir resultados. Si este libro logra que comprendas un solo principio antes de intentar cualquier atajo, habrá cumplido su propósito.

Bienvenido a un camino distinto, donde entender primero te permite ganar después.

Leonardo Ortiz

ANTES DEL DINERO

DECISIONES ANTES DEL DINERO

ENTENDER PRIMERO, GANAR DESPUÉS

Si el buen manejo del dinero fuera solo cuestión de esfuerzo, de información o de seguir instrucciones, este libro no tendría sentido. Bastaría con trabajar más, copiar estrategias ajenas o aplicar el consejo correcto en el momento correcto.

Pero no funciona así.

Hay personas que trabajan duro y no avanzan.
Otras ganan dinero y lo pierden.
Algunas tienen ingresos, pero no tranquilidad.
Otras prueban una y otra estrategia, pero el resultado siempre es el mismo: el dinero no se queda, no crece o no cumple lo que prometía.

La pregunta no es por qué no ganas más.
La pregunta real es la siguiente: **¿por qué el dinero no te funciona?**

Casi todos empezamos igual: con entusiasmo, escuchando podcasts que prometen resultados rápidos, leyendo libros que muestran ventas masivas, ingresos pasivos, inversiones «seguras», automatización, Amazon, trading, negocios digitales o fórmulas que parecen claras y directas.

Todo suena lógico.
Todo suena alcanzable.
Todo suena urgente.

Entonces actuamos.

Invertimos. Vendemos. Probamos. Arriesgamos. Nos movemos. Y, aun así, algo no encaja.

El problema no es actuar.
El problema es **actuar sin entender qué ocurre antes del dinero.**
El dinero no responde solo a acciones, sino a decisiones previas.
Decisiones invisibles.
Decisiones que nadie explica, porque no venden promesas rápidas.
Decisiones que determinan si el dinero fluye, se estanca o desaparece.

Este libro no está escrito para enseñarte a ganar dinero más rápido. Está escrito para que entiendas **por qué algunas personas hacen menos y logran más**, mientras otras hacen mucho y avanzan poco.

No encontrarás fórmulas mágicas.
No encontrarás atajos.
No encontrarás instrucciones vacías.

Encontrarás siete decisiones fundamentales que ocurren **antes** de cualquier resultado económico. Estas determinaciones cambiarán tu forma de pensar, de elegir, de trabajar y de relacionarte con el dinero.

Si entiendes estas bases, cualquier estrategia funciona mejor.
Si no las entiendes, incluso la mejor idea puede fallar.

Este libro es para quien intuye que el problema nunca fue la falta de oportunidades, sino la falta de comprensión; es para quien quiere que el dinero deje de ser una persecución y empiece a ser una consecuencia.

Bienvenido a *Antes del dinero*.
Lo que decides antes de ganar, lo decide todo.

LAS SIETE DECISIONES ANTES DEL DINERO

(NO SON «PASOS» NI «CONSEJOS», son **decisiones mentales** que cambian la relación con la economía).

1. DECIDIR ENTENDER ANTES DE ACTUAR
La mayoría quiere ganar dinero sin entender cómo funciona.

Quien se detiene a comprender gana con menos esfuerzo y menos error.

2. DECIDIR VER EL DINERO COMO CONSECUENCIA, NO COMO OBJETIVO
El dinero no se persigue: aparece cuando haces bien algo que otros valoran.

3. DECIDIR ESTUDIAR EL COMPORTAMIENTO, NO SOLO LOS NÚMEROS
La economía no se mueve por lógica matemática, sino por decisiones humanas repetidas.

4. DECIDIR CREAR VALOR ANTES DE PEDIR PRECIO
Cobrar sin valor genera resistencia; crear valor genera demanda.

5. DECIDIR CONSTRUIR SISTEMAS ANTES QUE INGRESOS
Un ingreso depende de ti. Un sistema trabaja incluso cuando tú no estás.

6. DECIDIR PROTEGER EL FLUJO ANTES QUE LA CANTIDAD
No importa cuánto ganas, sino cuánto controlas y cuánto se mantiene en movimiento.

7. DECIDIR DECIR «NO» A LO QUE NO MULTIPLICA
La riqueza no nace de hacer más, sino de eliminar lo que drena tiempo, foco y energía.

CAPÍTULO 1

DECIDIR ENTENDER ANTES DE ACTUAR

LA MAYORÍA DE LAS PERSONAS toma decisiones financieras como quien corre en la oscuridad: avanzan rápido, pero sin saber hacia dónde. Trabajan más horas, aceptan más responsabilidades, buscan nuevas oportunidades, invierten, emprenden, cambian de empleo o se endeudan… Todo ello **sin entender realmente el sistema en el que están jugando.**

Este libro comienza con una decisión que parece simple, pero que casi nadie toma a tiempo: **entender antes de actuar.**

No antes de ganar.
No antes de invertir.
Antes incluso de intentarlo.

La trampa de «hacer» sin entender

Desde pequeños se nos enseña que actuar es mejor que pensar: «Muévete», «haz algo», «no te quedes quieto».

En el dinero, esa mentalidad suele ser fatal.

Un ejemplo común:
Una persona empieza a ganar más dinero y, sin entender cómo funciona su flujo financiero, aumenta automáticamente su nivel de gasto. Compra un mejor auto, se muda a un lugar más caro, asume nuevas obligaciones. En el papel, gana más. En la práctica, **sigue igual de atrapada**, o peor.

Actuó.

Pero no entendió. No hizo nada de manera distinta.

Otro ejemplo:

Alguien escucha que «invertir es importante» y pone dinero en algo que no comprende: un negocio ajeno, una criptomoneda, un fondo, una franquicia. No entiende cómo se genera el retorno, de dónde sale el riesgo, ni qué variables lo afectan. Solo sabe que «otros ganaron» de su propio dinero.

No invirtió: **apostó**.

El problema no es la acción.
El problema es **la acción sin comprensión**.

Entender no es saber mucho, es saber lo correcto

Aquí hay una confusión habitual: creer que entender economía o contabilidad requiere ser experto, matemático o financiero profesional. No es así.

Entender, en este contexto, significa dominar **las bases que gobiernan el dinero,** aunque sean pocas.

Por ejemplo:
Entender la diferencia entre **ingreso y ganancia**.
Entender qué es un **costo fijo** y un **costo variable**.
Entender qué es **flujo de caja**.
Entender cómo una decisión hoy afecta tu dinero mañana.

Muchísima gente gana dinero sin entender estas cosas. Y la mayoría **lo pierde,** lo estanca o lo trabaja eternamente.

El error más caro: confundir ingreso con riqueza

Uno de los errores más frecuentes es pensar que ganar dinero equivale a progresar.

Ejemplo simple:

Dos personas ganan lo mismo al mes.

• Persona A entiende sus números: sabe cuánto entra, cuánto sale, cuánto puede reinvertir, cuánto necesita para vivir.

• Persona B solo mira su salario y vive en función de eso.

Con el tiempo, la persona A acumula margen, opciones, control.

La persona B acumula obligaciones.

La diferencia no fue el dinero.

Fue el **entendimiento**.

Por qué la contabilidad es una forma de claridad, no de números

A muchas personas la palabra «contabilidad» les produce rechazo. La asocian con impuestos, formularios, reglas y castigos. Pero en realidad, la contabilidad es algo mucho más simple y poderoso: **el lenguaje que te dice la verdad sobre tu dinero.**

Sin contabilidad,
- no sabes si tu negocio realmente gana,
- no sabes si tu salario realmente te conviene,
- no sabes si un proyecto es rentable o solo emocionante.

Con contabilidad básica,
- puedes decidir con datos, no con emociones,
- puedes anticipar problemas antes de que exploten,
- puedes dejar de depender de la suerte.

No se trata de ser contador.

Se trata de **no ser ciego**.

Economía cotidiana: entender el sistema en el que vives

La economía no es una teoría abstracta. Está en tu vida diaria.

Cuando los precios suben y tu salario no, eso es economía.
Cuando el crédito se vuelve caro, eso es economía.
Cuando un negocio deja de ser rentable aunque venda mucho, eso es economía.

Entender economía básica implica saber:
- por qué el dinero pierde valor con el tiempo,
- por qué endeudarse puede ser útil o destructivo,
- por qué no todos los trabajos escalan,
- por qué algunos modelos generan riqueza y otros solo ocupación.

Quien no entiende el contexto económico **siempre reacciona** tarde.

Actuar sin entender genera esfuerzo; entender reduce fricción

Una de las promesas falsas más repetidas es esta:
«Si trabajas duro, te irá bien».

El mundo real funciona distinto: **si entiendes bien, no necesitas trabajar tan duro.**
Entender te permite:
- elegir mejores batallas,
- evitar errores repetidos,
- decir «no» antes de perder tiempo,
- actuar menos, pero mejor.

La comprensión no te vuelve lento.
Te vuelve **preciso**.

El verdadero costo de no entender

No entender no solo cuesta dinero, sino:
- años de vida,
- estrés constante,
- decisiones impulsivas,
- dependencia de otros.

La mayoría de las personas no está mal económicamente porque no tenga oportunidades, sino porque **toma decisiones sin marco mental**.

Entender es construir ese marco.

Decidir entender es un acto de humildad

Esta decisión implica aceptar algo incómodo:
«No sé lo suficiente para actuar con ventaja».

Pero esa humildad es el inicio del poder.

Quien decide entender:
- pregunta antes de invertir,
- aprende antes de endeudarse,
- observa antes de imitar,
- estudia antes de acelerar.

Esa persona no corre detrás del dinero.
Se prepara para que el dinero tenga sentido cuando llegue.

Ejemplo real

Durante años invertí sin entender del todo lo que estaba haciendo. Probé *trading*, seguí consejos, entré y salí del mercado con entusiasmo, pero sin comprender cómo funcionaban realmente el riesgo, la probabilidad y el capital. No perdí por falta de ganas, perdí por falta de entendimiento.

Lección

El dinero no castiga la acción, castiga la acción sin comprensión.

Conclusión

Antes de cualquier ingreso, negocio, inversión o ascenso, hay una decisión y una pregunta silenciosa que lo cambian todo:

¿Voy a moverme rápido... o voy a entender primero?

Este libro parte de una premisa clara: **el dinero amplifica lo que ya eres.**

Si actúas sin entender, amplifica el error.
Si entiendes antes de actuar, amplifica el criterio.

Ese es el verdadero comienzo.

La economía está en tu vida diaria.

CAPÍTULO 2

DECIDIR VER EL DINERO COMO CONSECUENCIA, NO COMO OBJETIVO

UNO DE LOS ERRORES MÁS COMUNES en la relación con el dinero es convertirlo en el objetivo principal. Esto significa entenderlo no como medio, ni como resultado, sino como meta directa. La mayoría de las personas no dice «quiero construir algo útil», dice «quiero ganar dinero». No dice «quiero resolver un problema», dice «quiero cobrar más».

Esta confusión parece menor, pero tiene consecuencias estructurales.

Cuando el dinero es el objetivo, las decisiones se vuelven cortoplacistas.

Cuando el dinero es la consecuencia, las decisiones se vuelven sostenibles.

Este capítulo trata de esa diferencia.

El dinero no se produce: se genera

El dinero no aparece por desearlo, ni por necesitarlo, ni siquiera por esforzarse. Aparece cuando se produce algo que otros están dispuestos a intercambiar por valor.

Ese intercambio puede tomar muchas formas:
- tiempo por salario,
- solución por honorarios,
- producto por precio,
- sistema por retorno.

En todos los casos, el dinero **no es la causa,** es el efecto.

Confundir esto lleva a una búsqueda constante de ingresos sin estructura detrás.

Trabajar por dinero
vs.
hacer que el trabajo funcione

Hay dos formas de relacionarse con el trabajo:
1. Trabajar para ganar dinero.
2. Hacer que el trabajo funcione para producir dinero.

La primera depende directamente del tiempo y la energía.
La segunda depende del diseño.

Ejemplo simple:
Dos personas trabajan la misma cantidad de horas.
*   Una intercambia tiempo por ingreso fijo.
*   La otra construye un proceso que produce valor, aunque ella no esté presente todo el tiempo.

La diferencia no es moral ni intelectual.
Es **estructural.**

El dinero no llega porque alguien «quiera ganar más», llega porque el trabajo está diseñado para generar más.

El salario como consecuencia,
no como promesa

Muchas personas eligen trabajos basándose únicamente en el sala-rio. Pero el salario no garantiza progreso, solo garantiza ingreso.

Si un trabajo:
- no desarrolla habilidades transferibles,
- no mejora tu comprensión del sistema,
- no aumenta tu capacidad de decisión,

entonces el salario es solo una compensación temporal.

Ver el dinero como consecuencia implica preguntarse lo siguiente:
- ¿Qué estoy aprendiendo?
- ¿Qué valor estoy acumulando?
- ¿Qué problema sé resolver mejor después de este trabajo?

Cuando esas respuestas son claras, el dinero tiende a crecer como resultado.

Por qué perseguir dinero debilita las decisiones

Cuando el dinero es el objetivo principal:
- se aceptan malos acuerdos,
- se subestima el riesgo,
- se sobrevalora el corto plazo,
- se ignora la sostenibilidad.

Ejemplo frecuente:

Un negocio vende mucho, pero con márgenes bajos y alta dependencia del dueño. El objetivo era «ganar dinero», no construir algo funcional. El resultado: agotamiento, inestabilidad y fragilidad.

El dinero llegó.
Pero no se quedó.

El valor precede al ingreso

Esto no es una frase motivacional. Es una relación causal.

Primero existe:
* una habilidad,
* un conocimiento,
* una solución,
* una organización eficiente.

Después existe el ingreso.

Cuando el orden se invierte, se produce fricción: vender sin valor requiere presión, persuasión excesiva o engaño. Crear valor primero reduce esa fricción.

Por eso:
* los buenos sistemas escalan,
* los buenos productos se recomiendan,
* los buenos profesionales aumentan su ingreso con el tiempo.

No porque busquen dinero, sino porque **su trabajo funciona**.

El dinero como indicador, no como propósito

Una forma objetiva de ver el dinero es tratarlo como lo que es en realidad: un indicador.

Indica:
* cuán útil es lo que haces,
* cuán eficiente es tu sistema,
* cuán bien resuelve un problema real,
* cuán escalable es tu modelo.

Si el indicador es bajo, no se corrige deseando más dinero, sino revisando la causa: el trabajo, el sistema o el valor.

La trampa del «más»

Cuando el dinero es el objetivo, siempre parece insuficiente.
Cuando es consecuencia, se vuelve medible y gestionable.

Esto cambia la pregunta mental:
- No «¿cómo gano más?»,
- sino «¿qué debe mejorar para que el resultado mejore?».

Esa pregunta es mucho más productiva.

Objetividad: el dinero no tiene intención

El dinero no premia esfuerzo.
No castiga ignorancia.
No reconoce buenas intenciones.

Simplemente fluye hacia donde hay:
- utilidad,
- eficiencia,
- demanda,
- estructura.

Verlo como consecuencia elimina la frustración y mejora la toma de decisiones.

Ejemplo real

Muchas veces tomé decisiones para ganar dinero rápido. Cuando el objetivo era solo el dinero, mis decisiones se volvieron apresuradas. Cuando empecé a enfocarme en aprender, organizarme y hacer bien el proceso, el dinero dejó de ser una obsesión y empezó a ser un resultado.

Lección

Cuando el dinero es el objetivo, se nubla el criterio.
Cuando es la consecuencia, se aclara el camino.

Conclusión

Decidir ver el dinero como consecuencia implica aceptar una verdad incómoda: si el resultado económico no es el esperado, **la causa está antes,** no después.

No se corrige el efecto.
Se corrige el sistema.

El dinero llega cuando el trabajo funciona.
Y el trabajo solo funciona cuando está diseñado para producir algo que otros valoran de forma clara y sostenida.

Ese es el cambio de enfoque que separa la ocupación del progreso.

El dinero llega cuando el trabajo está diseñado **para generar más.**

CAPÍTULO 3

DECIDIR ESTUDIAR EL COMPORTAMIENTO, NO SOLO LOS NÚMEROS

LOS NÚMEROS IMPORTAN. Pero **no se mueven solos.**

Cada cifra que aparece en una cuenta, en una factura, en un balance o en un precio es el resultado final de una decisión humana. Comprar, vender, postergar, confiar, dudar, repetir. La economía no es una máquina matemática: es un sistema de comportamientos acumulados.

Por eso, entender números sin entender comportamiento produce decisiones incompletas.

Los números describen el pasado; el comportamiento explica el resultado

Un estado financiero muestra qué pasó. El comportamiento explica por qué pasó.

Ejemplo simple:
Dos negocios tienen ingresos similares. Uno crece, el otro se estanca.

En los números se ven ventas, costos y márgenes.
En el comportamiento se ve:
- cómo decide el cliente,
- cómo reacciona al precio,
- cómo responde al servicio,
- cómo repite o abandona.

Quien solo mira cifras corrige tarde.
Quien entiende comportamiento corrige antes.

El dinero sigue hábitos, no intenciones

Las personas no gastan según lo que dicen, gastan según lo que hacen.

No ahorran según lo que saben, sino según lo que repiten.

Esto aplica a clientes, empleados, socios... y también a uno mismo.

Ejemplo cotidiano:

Muchas personas saben que deberían ahorrar, pero no lo hacen. No por falta de información, sino por patrones de conducta: impulsividad, vacíos, recompensas inmediatas, falta de estructura.

El dinero se organiza alrededor de hábitos.
No alrededor de buenas intenciones.

Por qué los mismos números generan resultados distintos

Dos personas pueden tener:
- el mismo salario,
- el mismo costo de vida,
- el mismo acceso al crédito.

Y, aun así, terminar en situaciones financieras opuestas.

La diferencia está en el comportamiento:
- una posterga gratificación,
- la otra responde al impulso,

- una revisa decisiones,
- la otra las repite sin análisis.

Los números son iguales.
Las decisiones no.

Economía real: incentivos y reacciones

La economía funciona a través de incentivos.

Cuando un precio baja, la gente compra más.
Cuando el riesgo aumenta, la gente se protege.
Cuando hay incertidumbre, la gente posterga.

No porque sea lógico, sino porque es humano.

Entender economía básica es entender:
- qué motiva a las personas a actuar,
- qué las detiene,
- qué las hace repetir una decisión.

Quien entiende incentivos entiende el movimiento del dinero.

El comportamiento del cliente
es más valioso que cualquier proyección

Muchos negocios fracasan no por falta de cálculo, sino por falta de observación.

Proyectan ventas, pero no entienden:
- por qué alguien compra,
- cuándo deja de comprar,
- qué genera confianza,
- qué genera fricción.

El comportamiento real siempre es más preciso que el plan teórico.

Por eso:

- las buenas empresas miden repetición,
- observan quejas,
- analizan abandono,
- ajustan procesos.

No persiguen números: **interpretan conductas.**

El comportamiento propio también cuenta

Estudiar comportamiento no es solo mirar hacia afuera.

Lo anterior demanda observar:
- cómo decides bajo presión,
- cómo reaccionas ante el error,
- cómo manejas el riesgo,
- cómo justificas malas decisiones.

Muchas pérdidas económicas no ocurren por falta de información, sino por:
- orgullo,
- miedo,
- impulsividad,
- negación.

Entender esto evita repetir errores costosos.

Los números no explican el pánico ni la euforia

Los mercados suben y bajan no solo por datos, sino por emociones colectivas.

- El miedo paraliza.
- La euforia sobrevalora.
- La urgencia distorsiona.

Quien solo mira números entra tarde o sale mal.
Quien entiende comportamiento anticipa extremos.

Esto aplica igual a inversiones pequeñas que a grandes decisiones personales.

Medir comportamiento es medir probabilidad

El comportamiento no da certezas, da **probabilidades**.

Si alguien:
- compra repetidamente,
- recomienda,
- vuelve sin incentivos,
la probabilidad de ingresos futuros aumenta.

Si alguien:
- duda constantemente,
- negocia todo,
- desaparece rápido,
la probabilidad disminuye.

Decidir con dinero es decidir con probabilidades, no con certezas matemáticas.

Ejemplo real

En inversiones, entendí tarde que el problema no eran los números, sino yo. El miedo, la impaciencia y la necesidad de recuperar pérdidas me hacían tomar malas decisiones. No fallé por falta de información, más bien, por no entender mi propio comportamiento.

Lección

El mayor riesgo financiero no está en el mercado, está en la mente.

Conclusión

Decidir estudiar comportamiento es aceptar una verdad fundamental: **el dinero se mueve por personas, no por fórmulas.**

Los números te dicen dónde estás.
El comportamiento te dice hacia dónde vas.

Quien entiende ambos tiene contexto.
Quien ignora uno de ellos, opera a ciegas.

Por eso, antes de optimizar cifras, hay que entender decisiones.
Antes de corregir resultados, hay que observar conductas.

Ahí empieza la ventaja real.

Los
números
te
dicen
**dónde
estás.**

CAPÍTULO 4

DECIDIR CREAR VALOR ANTES DE PEDIR EL PRECIO

PEDIR DINERO SIN HABER CREADO valor suficiente es una de las causas más comunes del rechazo económico: rechazo del cliente, del mercado, del empleador o del inversionista. Esto pasa no porque el dinero sea injusto, sino porque el intercambio no está equilibrado.

El dinero no se paga por intención.
Se paga por **valor percibido**.

Y el valor siempre debe existir antes del precio.

El precio es una consecuencia, no un argumento

Muchas personas intentan justificar un precio con explicaciones, comparaciones o urgencia. Pero el precio no se defiende: **se sostiene**.

Cuando el valor es claro:
- el precio se acepta,
- la negociación disminuye,
- la fricción baja.

Cuando el valor es débil:
- el precio se cuestiona,
- la conversación se alarga,
- la decisión se posterga.

El problema rara vez es el número.
Es la falta de valor previo.

¿Qué significa realmente «crear valor»?

Crear valor no es trabajar más ni complicar las cosas.
Es resolver algo concreto de manera clara.

Valor puede ser:
- ahorrar tiempo,
- reducir riesgo,
- simplificar una decisión,
- aumentar un resultado,
- eliminar un problema.

Si nada de eso ocurre, no hay valor, aunque haya esfuerzo.

El error de cobrar por lo que uno hace, no por lo que produce

Uno de los errores más comunes es intentar cobrar por:
- horas trabajadas,
- conocimiento acumulado,
- complejidad técnica.

Pero el mercado no paga procesos internos.
Paga resultados externos.

Ejemplos simples:
- No se paga por escribir código, se paga por lo que el *software* permite hacer.
- No se paga por horas de consulta, se paga por claridad y decisiones mejores.
- No se paga por esfuerzo, se paga por impacto.

Cuando esto se entiende, el enfoque cambia por completo.

Por qué el valor debe ser visible antes del precio

El comprador siempre hace una pregunta silenciosa:

«¿Qué gano yo con esto?»

Si la respuesta no es inmediata y clara, el precio se percibe alto, aunque sea bajo.

Por eso:
- los buenos productos se explican solos;
- los buenos servicios se entienden rápido;
- las buenas ofertas no necesitan presión.

El valor visible reduce la necesidad de convencer.

Crear valor es diseñar, no improvisar

El valor no aparece por accidente, se diseña.

Se diseña cuando:
- entiendes a quién ayudas,
- sabes qué problema resuelves,
- conoces las alternativas,
- mejoras la experiencia.

Quien no diseña valor, improvisa precios.

El valor precede a la confianza

Nadie confía solo porque alguien lo pida. Más bien, la confianza surge cuando el valor es consistente.

- cuando el producto funciona,
- cuando el servicio cumple,
- cuando la promesa se sostiene.

El precio sin confianza genera duda.
El valor sostenido genera repetición.

El dinero se mueve
hacia donde el valor es claro

El mercado no es emocional. Es selectivo.

Cuando el valor es evidente:
- el dinero fluye,
- el cliente vuelve,
- la recomendación aparece.

Cuando no lo es:
- el dinero se frena,
- la relación se debilita,
- el intercambio se rompe.

No es personal. Es estructural.

El orden correcto

Este es el orden que rara vez se respeta:
1. Entender el problema.
2. Diseñar la solución.
3. Crear valor real.
4. Comunicarlo con claridad.
5. Poner el precio.

Invertir ese orden es crear fricción innecesaria.

Ejemplo real

En restauración y proyectos propios, entendí que cuando uno se enfoca solo en cobrar, el cliente lo percibe. Cuando me enfoqué en mejorar el servicio, el orden y el valor real, el precio dejó de ser un problema.

Lección

El mercado no paga intención, paga valor.

Conclusión

Decidir crear valor antes de pedir el precio es aceptar una regla simple: **nadie te debe dinero por intentarlo.**

El dinero aparece cuando el intercambio es justo, claro y útil para la otra parte.

Primero se construye algo que funcione.
Después se le pone precio.

Cuando el valor es sólido, el precio deja de ser el problema.
Ese entendimiento cambia por completo la relación con el dinero.

El
mercado
no
paga
intención,
**paga
valor.**

CAPÍTULO 5

DECIDIR CONSTRUIR SISTEMAS ANTES QUE INGRESOS

UNO DE LOS ERRORES MÁS COMUNES al buscar dinero es concentrarse exclusivamente en el ingreso: cuánto se gana, de dónde viene, cómo aumentarlo. Esa obsesión suele producir resultados frágiles, porque el ingreso, por sí solo, no explica nada.

Lo que importa no es cuánto dinero entra, sino **por qué entra** y **qué lo sostiene**.

Ahí aparece la diferencia entre ingreso y sistema.

Qué es realmente un sistema

Un sistema es una estructura que produce un resultado de forma repetible, con menor dependencia del esfuerzo directo.

Un sistema puede ser:
- un proceso de trabajo,
- un modelo de negocio,
- una metodología,
- una automatización,
- una organización clara de tareas y decisiones.

Si el resultado solo ocurre cuando tú estás presente, no es un sistema.
Es esfuerzo continuo.

El ingreso es un efecto;
el sistema es la causa

Dos personas pueden generar el mismo ingreso hoy.
- Una depende de estar siempre disponible.
- La otra depende de un proceso que ya funciona.

El primer ingreso es inestable.
El segundo es predecible.

El dinero no se mantiene por intención.
Se mantiene por estructura.

¿Por qué los ingresos sin sistema colapsan?

Ingresos sin sistema generan:
- agotamiento,
- desorden,
- dependencia,
- crecimiento limitado.

Ejemplo común:
Un profesional empieza a ganar bien gracias a su habilidad. Acepta más clientes, más proyectos, más responsabilidades. El ingreso sube, pero el tiempo y la energía se agotan. No hay proceso, solo acumulación de trabajo.

El ingreso creció.
La estabilidad no.

El sistema reduce la fricción

Un buen sistema:
- evita decisiones repetidas,

- reduce errores,
- ahorra tiempo,
- mejora consistencia.

No elimina el trabajo, lo **ordena**.

Cuando todo depende de decisiones improvisadas, el costo mental y operativo se multiplica. El sistema convierte el caos en flujo.

Construir sistemas no es automatizar todo

Otro error común es pensar que un sistema es solo tecnología. No lo es.

Un sistema puede ser:
- una forma clara de cotizar,
- un proceso definido de atención,
- una estructura de precios,
- un método de seguimiento,
- una regla simple que se repite.

La mayoría de los sistemas efectivos son simples.
Lo complejo suele ser frágil.

El sistema protege el ingreso

Un ingreso sin sistema desaparece cuando:
- te enfermas,
- te cansas,
- te distraes,
- cometes errores.

Un sistema bien diseñado:
- amortigua fallos,

- absorbe variaciones,
- permite correcciones.

o, quienes construyen sistemas pueden:
- delegar,
- escalar,
- descansar,
- sostener resultados.

Pensar en sistemas cambia la pregunta

La pregunta deja de ser:
«¿cómo gano más dinero?»

Y pasa a ser:
«¿qué debe funcionar mejor para que el resultado mejore?»

Ese cambio mental es clave.

Sistemas pequeños también cuentan

No todos los sistemas son grandes negocios.

Un sistema puede ser:
- separar ingresos personales de operativos,
- revisar números semanalmente,
- reinvertir de forma automática,
- limitar decisiones impulsivas.

Pequeños sistemas generan grandes diferencias con el tiempo.

El orden correcto, otra vez

Primero:
- se diseña el sistema,

- se prueba,
- se ajusta.

Después:
- el ingreso se estabiliza,
- el crecimiento se vuelve posible.

Invertir ese orden produce estrés innecesario.

Ejemplo real

Trabajando con equipos y presupuestos, entendí que sin sistemas todo depende del esfuerzo diario. Cuando no hay estructura, cualquier ingreso es frágil. Cuando hay sistema, el ingreso se sostiene.

Lección

El ingreso sin sistema es casual. El sistema crea continuidad.

Conclusión

Decidir construir sistemas antes que ingresos es aceptar una realidad simple: **el dinero no se sostiene con esfuerzo, se sostiene con diseño.**

El ingreso puede aparecer rápido.
El sistema lo mantiene.

Quien persigue ingresos vive reaccionando.
Quien construye sistemas decide con calma.

Y esa diferencia define no solo cuánto se gana, sino **cómo se vive mientras se gana.**

Cuando hay sistema, **el ingreso se sostiene.**

CAPÍTULO 6

DECIDIR PROTEGER EL FLUJO ANTES QUE LA CANTIDAD

Muchas personas se enfocan en cuánto dinero ganan, pero muy pocas se enfocan en **cómo se mueve** ese dinero. Esta diferencia parece técnica, pero es decisiva.

No es lo mismo ganar mucho dinero que **controlar el flujo del dinero**.

La estabilidad financiera no depende de la cantidad, sino del flujo.

En términos simples, ¿qué es el flujo?

El flujo es el recorrido del dinero:
- cómo entra,
- cuándo entra,
- cómo sale,
- cuándo sale.

Una persona puede tener altos ingresos y aun así vivir al límite. Otra puede ganar menos y tener mayor control.

La diferencia no está en el monto.
Está en el flujo.

Por qué la cantidad engaña

La cantidad es visible y fácil de comparar.
El flujo es silencioso y fácil de ignorar.

Ejemplo común:
Alguien recibe un ingreso alto de forma irregular. En los meses buenos gasta como si fuera permanente. En los meses malos entra en estrés, deuda o improvisación.

El problema no fue cuánto ganó.
Fue no proteger el flujo.

Flujo sano vs. Flujo frágil

Un flujo sano:
- es predecible,
- tiene margen,
- permite absorber imprevistos,
- no depende de una sola fuente.

Un flujo frágil:
- es irregular,
- está comprometido antes de entrar,
- depende de pagos futuros,
- no tiene espacio para errores.

Proteger el flujo es reducir fragilidad.

El error de comprometer dinero que aún no existe

Uno de los comportamientos más peligrosos es gastar dinero futuro como si ya estuviera asegurado: créditos, cuotas, compromisos fijos.

Esto tensa el flujo y elimina margen de maniobra.

Cuando el flujo se vuelve rígido, cualquier imprevisto se convierte en crisis.

El margen es una forma de protección

Margen es:
- tiempo,
- dinero disponible,
- flexibilidad.

No es dinero sin usar.
Es dinero que **permite decidir**.

Quien no tiene margen:
- acepta malos acuerdos,
- toma decisiones apresuradas,
- opera desde la urgencia.

Proteger el flujo es crear margen.

Flujo primero, optimización después

Muchas personas intentan optimizar sin haber estabilizado.

Buscan:
- invertir,
- escalar,
- crecer.

Pero con un flujo inestable.

Primero se protege el flujo.

Después se mejora el rendimiento.

Invertir con flujo frágil aumenta el riesgo innecesariamente.

El flujo determina la libertad real

La libertad financiera no se mide en cifras totales, sino en **capacidad de sostener decisiones en el tiempo.**

Si una decisión depende de que todo salga perfecto, no hay libertad.
Si el flujo soporta errores, sí.

Proteger el flujo
no es ser conservador

No se trata de evitar el riesgo, se trata de elegirlo conscientemente.

Quien protege el flujo puede:
* asumir riesgos calculados,
* recuperarse rápido,
* aprender sin colapsar.

Quien no lo protege queda expuesto.

Ejemplo real

Aprendí que no sirve de nada buscar multiplicar dinero si no sabes protegerlo. La falta de control, de límites y de gestión hace que cualquier ganancia desaparezca.

Lección

Lo que no se protege, se pierde.

Conclusión

Decidir proteger el flujo antes que la cantidad es entender algo fundamental: **el dinero no sirve si no se puede sostener.**

La cantidad impresiona.
El flujo protege.

Quien cuida el flujo tiene control.
Quien solo persigue cifras vive reaccionando.

Y en el dinero, reaccionar siempre sale caro.

La estabilidad financiera depende del flujo.

CAPÍTULO 7

DECIDIR DECIR «NO» A LO QUE NO MULTIPLICA

SABER GANAR DINERO NO ES SUFICIENTE.
Saber conservarlo tampoco.

La diferencia real aparece cuando una persona aprende a **decidir qué no hacer**.

El dinero no se pierde solo por malas decisiones.
Se pierde por **demasiadas decisiones irrelevantes**.

Multiplicar no es crecer, es amplificar

Multiplicar no significa hacer más cosas. Significa que una decisión produzca más de lo que consume.

Multiplica lo que:
- ahorra tiempo,
- mejora resultados,
- crea continuidad,
- reduce dependencia,
- abre opciones futuras.

No multipliques lo que:
- solo ocupa,
- solo entretiene,
- solo mantiene ocupado,
- solo genera ingreso puntual,
- solo posterga decisiones reales.

Decir «no» empieza por saber distinguir esto.

El costo oculto del «sí»

Cada vez que dices «sí» a algo que no multiplica, pagas con:
- tiempo,
- energía,
- atención,
- foco,
- margen.

Ese costo no siempre se ve en dinero inmediato, pero se acumula.

Muchos problemas financieros no vienen de malas oportunidades, sino de **no haber cerrado puertas a tiempo**.

Decir «no» es una decisión económica

A menudo se presenta el «no» como algo emocional o personal. En realidad, es una decisión económica.

Decir «no»:
- protege el flujo,
- preserva el sistema,
- mantiene el foco,
- evita la dispersión.

No es rechazo.
Es **priorización**.

Cómo saber qué no multiplica

Hay preguntas simples que aclaran rápido:
- ¿Esto escala o se repite sin mí?

- ¿Esto mejora mi posición futura?
- ¿Esto libera recursos o los consume?
- ¿Esto fortalece un sistema o solo genera ingreso aislado?
- ¿Esto me acerca a control o a dependencia?

Si la respuesta es negativa, no multiplica.

El error de confundir movimiento con progreso

Estar ocupado no es avanzar.
Facturar no es crecer.
Responder todo no es ser productivo.

El movimiento sin dirección desgasta.
El progreso requiere selección.

Quien no elige se dispersa.
Quien se dispersa pierde potencia.

Decir «no» temprano es más barato que decir «no» tarde

Cuanto antes se diga no:
- menos costo,
- menos desgaste,
- menos conflicto.

Decir «no» tarde suele implicar:
- pérdidas,
- conflictos,
- frustración,
- arrepentimiento.

La mayoría de los grandes errores empezaron como pequeños «sí» innecesarios.

El «no» crea espacio
para el «sí» correcto

Cada «no» bien puesto libera espacio:

- mental,
- operativo,
- financiero.

Ese espacio permite que lo que sí multiplica:

- reciba atención,
- se desarrolle,
- crezca.

No se puede multiplicar en un sistema saturado.

El criterio final

Este libro no busca enseñar a ganar dinero rápido.
Busca enseñar a **decidir mejor**.

Si una decisión:

- no crea valor,
- no construye sistema,
- no protege flujo,
- no amplifica resultados,

entonces, no importa cuán atractiva parezca: **no multiplica**.

Ejemplo real

Hubo decisiones, oportunidades y caminos que tuve que rechazar; no porque fueran malos, sino porque no aportaban crecimiento ni claridad. Decir «no» fue una de las decisiones más difíciles y también una de las más rentables.

Lección

Cada «sí» innecesario es un costo oculto.

Conclusión

Decidir decir «no» a lo que no multiplica es la última decisión antes del dinero, pero también la más poderosa.

Porque aquí se cierra el círculo:
- entiendes antes de actuar,
- ves el dinero como consecuencia,
- estudias comportamiento,
- creas valor antes del precio,
- construyes sistemas,
- proteges el flujo,
- y finalmente, eliges con criterio.

El dinero no llega por acumulación de intentos.
Llega por **selección consciente**.

Quien aprende a decir «no» a tiempo, deja de perseguir dinero. Más bien, empieza a **dirigirlo**.

Esa es la diferencia entre tener ingresos y tener control.

Saber
ganar
dinero

no

es

suficiente.

CONCLUSIÓN

Sɪ ᴀʟɢᴏ QUEDA CLARO después de estas páginas es esto: el dinero no deja de funcionar por falta de oportunidades, sino por falta de decisiones correctas antes de aparecer.

La mayoría de las personas no fracasa porque no haga nada.
Fracasa porque actúa sin entender.
Porque aplica ideas sin contexto.
Porque persigue resultados sin haber construido la base que los sostiene.

Por eso este libro no pretende enseñarte a ganar dinero rápido. Más bien, pretende enseñarte a **pensar mejor antes de intentar ganarlo.**

Las siete decisiones que has recorrido no son fórmulas ni estrategias aisladas.
Son filtros.
Filtros que cambian cómo interpretas cualquier consejo, cualquier oportunidad y cualquier promesa relacionada con el dinero.

Sin estos filtros, el conocimiento se vuelve ruido.
Las ideas se aplican mal.
Y el dinero vuelve a escaparse.

Con ellos, ocurre lo contrario: empiezas a ver con claridad, a elegir con calma y a actuar con intención.
El dinero deja de ser una persecución constante y se convierte en una consecuencia natural de decisiones bien tomadas.

Este libro no compite con otras enseñanzas sobre riqueza, negocios o inversión.

Las precede.

Porque sin comprensión, ninguna técnica es suficiente.

Y con comprensión, casi cualquier técnica puede funcionar.

Si el dinero no te funcionaba antes, ahora sabes por qué.

Y, más importante aún, sabes qué cambiar.

No se trata de trabajar más.

Ni de arriesgar más.

Ni de moverse más rápido.

Se trata de decidir mejor.

Porque el dinero no se domina con impulso.

Se domina con criterio.

Y todo criterio comienza **antes del dinero.**

SOBRE EL AUTOR

Leonardo Ortiz nació en Quito, Ecuador, en 1972. Desde joven, mostró curiosidad por comprender cómo funcionan las decisiones y los resultados en la vida y en los negocios. Tras completar su bachillerato, decidió ampliar sus horizontes al viajar a Europa, donde cursó estudios técnicos en cocina, administración y hotelería. Asimismo, complementó su formación con certificados en finanzas y administración de personal.

Al llegar a Suiza, Leonardo aplicó su capacidad de liderazgo y trabajo en equipo al crear una asociación deportiva junto con varios compañeros, proyecto que hoy continúa consolidándose y proyectándose de manera destacada. Esta experiencia fortaleció su visión sobre organización, cooperación y gestión de proyectos.

A lo largo de su trayectoria profesional, Leonardo ha trabajado en restauración, hotelería y turismo, en posiciones de responsabilidad donde gestionó equipos de trabajo y manejó presupuestos significativos. Además, emprendió proyectos propios de menor escala, como un *food truck* y un *takeaway*, donde aplicó conocimientos de administración de personal y gestión económica en un contexto real y desafiante. Estas experiencias le enseñaron a tomar decisiones estratégicas bajo presión y a liderar con claridad y eficiencia.

Paralelamente, Leonardo ha explorado el mundo financiero y de inversiones, incluyendo *trading*, criptomonedas como Bitcoin y Ethereum, y activos como el oro. Aunque ha enfrentado fracasos y pérdidas, cada experiencia se convirtió en una oportunidad de aprendizaje, reforzando su filosofía: comprender primero es más importante que perseguir resultados inmediatos.

Su trayectoria, basada en esfuerzo, curiosidad y aprendizaje constante, lo llevó a escribir *Antes del dinero: por qué el dinero no te funciona*, un libro que busca enseñar cómo construir bases sólidas y tomar decisiones inteligentes que transformen la relación con el dinero. Su estilo combina experiencia práctica, análisis estratégico y claridad, permitiendo que los lectores apliquen los principios en su vida personal y profesional.

Leonardo Ortiz busca inspirar a quienes desean aprender a actuar con criterio desde el inicio y a quienes quieren transformar la manera en que piensan el dinero y las decisiones que lo anteceden. Su filosofía central es simple y directa: entender primero, ganar después.

ÍNDICE